LETTRE A UN AMI,

SUR L'ATLAS MÉTHODIQUE & Elémentaire de Géographie & d'Histoire.

Par M. BUY DE MORNAS.

LETTRE A UN AMI,

SUR L'ATLAS MÉTHODIQUE & Élémentaire de Géographie & d'Histoire.

JE céde enfin, Monſieur, à vos inſtances réïtérées; mais je vous avertis que ſi d'autre part j'eſſuie le reproche de ne m'être pas bien tiré de la beſogne délicate dont vous me chargez, je m'en prendrai à vous; il faut être bien complaiſant pour ſe prêter à vôtre myſantropie, parce que vous trouvez que la Géographie ſe dégrade, dois-je courir ſeul le riſque, ſi je ſuis connu, de m'entendre dire en face à peu près comme à Jean le Raye ? *

Je commence par vous dire que cette Science est mieux cultivée & plus en recommandation en France que partout ailleurs. Il est vrai d'un autre côté que nos Manufactures de Modes sont plus recherchées., même plus estimées que ces nouvelles & abondantes *Manufactures de Géographie* établies par des Marchands & des Graveurs, qui *revoient, corrigent, & augmentent* : abus occasionné par l'exercice libre dont on jouit dans ce genre, qui subsistera tant qu'on ne verra pas des Sçavans chargés par autorité supérieure de censurer & examiner ce qu'on voudroit mettre au jour.

Il est heureux pour moi que vous ne m'ayez pas chargé de l'ennuyeuse opération de relever toutes les sotises Géographiques passés, présentes

* » Cy gît un grand Auteur qui croioit » vivre après sa mort, mais il est mort avant » que de vivre.

& à venir : c'eſt pourtant un de ces dignes projets que mon cerveau a coutume d'enfanter, mais qui n'eſt pas encore prêt à éclore.

Il convient mieux, pour le préſent, d'analyſer, comme vous le déſirez, à meſure que les parties paroîtront, l'ouvrage nouveau de M. de Mornas; qui eſt ſuſceptible d'une critique intéreſſante. Tout a d'abord ſemblé concourir en faveur de cet ouvrage. L'Auteur lui même déclare dans ſes *Proſpectus* que toutes les richeſſes de la Géographie, de la Chronologie & de l'Hiſtoire s'y trouvent raſſemblées; que les plus habiles Graveurs de la Capitale y ſont employés ; en un mot que s'il ne dit rien de neuf, il le dit du-moins d'une manière neuve.

D'ailleurs certains papiers publics ont préſenté le beau côté de l'Ouvrage; & en ont fait un éloge pompeux : au ſurplus, il ſe trouve étayé du nom d'un ſçavant illuſtre qui auroit forcé la critique au ſilence, s'il eût eu ſans doute le loiſir d'éclairer le travail dans tous ſes points.

Voici le plan général de ce qui

paroît actuellement de cet Atlas.

Systêmes du Monde ; Principes de la Sphère ; Division Astronomique de la Terre, chargée de répétitions de la Sphère, Mesures itinéraires, & Nature des Cartes ; Problêmes sur le Globe ; Principes & Définitions Géographiques ; Division de la Terre Naturelle, Politique, &c. Atmosphère, Vents, Météores, Corps Célestes & Chronologie.

La première observation qui se présente, c'est qu'il faut des têtes faites exprès pour comprendre à quelle fin tend cette course du Ciel en terre, & de la Terre au Ciel. C'est faire bien plus que l'Auteur des Institutions abrégées de Géographie, qui abrége d'un sault le chemin de l'Italie au Mogol.

L'ordre des choses étant ainsi bouleversé, l'Analyse que j'entreprens ne peut que s'en ressentir ; mais qu'importe ? pourvû que je ne déraisonne pas. Au reste, je tâcherai de me renfermer dans les bornes d'une critique raisonnable & dépouillée de Peccadilles (s'il est permis de s'exprimer ainsi) c'eſt là le ſûr moyen de mériter votre approbation. Je commence par la *Planche I.*

PLANCHE I.

» L'Objet de la Géométrie, dit » l'Auteur, eſt de conſidérer la ma- » tière par rapport à ſon étendue, & » d'examiner la figure des différens » corps qui ſont dans l'Univers.

On entrevoit ici que les Objets de la Phyſique ſont mal-à-propos confondus avec ceux de la Géométrie; car celle-ci peut bien conſidérer, par exemple, l'étendue & les propriétés d'un Triangle ou d'un Cercle, d'une Pyramide ou d'une Sphere, ſans faire attention à la matière, qui n'eſt pas néceſſaire à l'exiſtence des vérités Géométriques.

PLANCHE IV.

» La Chorographie ſe renferme » dans la connoiſſance d'un ſeul » Etat ou d'une ſeule Province. La » Topographie ne s'attache qu'à un » lieu particulier, à une Ville, &c.

Ce qui prouve le peu de juſteſſe de ces Définitions, quoique communément reçues, c'eſt qu'il y a des Provinces entiéres, qui ſont traités avec le détail qui conſtitue la Topographie; & qu'il y a des moindres portions de terre, dont la deſcription n'eſt rien moins que circonſtanciée. Ce n'eſt donc que la gradation du détail dans lequel on entre, & non l'étendue des terres, qui fait qu'une deſcription eſt Géographique, Chorographique, ou Topographique.

PLANCHE VI.

» Il eſt plus naturel de faire mou-
» voir la Terre que de mettre en
» mouvement autour d'elle un mil-
» lion de corps à la fois, dont la
» rapidité ſeroit inconcevable, puiſ-
» que le firmament devroit faire
» 300 millions de lieues dans 24
» heures.

D'après des calculs fondés ſur le rapport Géométrique du Diamétre au Cercle, il s'enſuivroit que la diſtance de la Terre aux étoiles fixes, ne feroit environ que de 47 millions 727 mille lieues.

Rapportons ici ce que dit l'Auteur, Pl. 46, 47 & 49.

» La moindre diftance de la Terre » aux Etoiles fixes eft de 19,000. » Diamétres ; un demi-diamétre vaut » 1432 lieues de France.

Ici la diftance de la Terre aux Etoiles feroit de 54 millions, 416 mille lieues.

Conféquemment la révolution du Firmament devroit être de 342. millions 43. mille lieues.

» La diftance de la Terre aux Etoi- » les doit être 10. mille fois plus » grande que celle de la Terre au » Soleil.

Si l'on admet l'une ou l'autre fupputation précédente de l'éloignement de la Terre aux Etoiles, celui de la Terre au Soleil fera feulement ou de 4,773 lieues ou de 5442.

» Le Soleil eft éloigné de la Terre » dans fa plus grande diftance de » 22,374. demi-diamétres.

Pour lors l'éloignement de la Terre au Soleil eft environ de 32. millions, 39. mille lieues : celui de la Terre aux Etoiles, étant ſuppoſé 10. mille fois plus grand, ſeroit donc de 320. milliards, 390. millions de lieues : & il en réſulteroit que le Firmament devroit faire 2013. milliards, 880. millions de lieues en 24. heures : mouvement bien plus inconcevable encore que le premier : mais, quelque ſoit la diſtance inconnue de la Terre aux Etoiles, & que ce ſoit la Terre qui tourne ou bien le Firmament, le raiſonnement de l'Auteur n'en eſt ni moins abſurde, ni moins contradictoire.

PLANCHE IX.

» Ce ſeroit ſe tromper que de dire
» que l'Eſpagne eſt au Midi & à
» l'Occident de la France : on doit
» dire que l'Eſpagne eſt Méridio-
» nale Occidentale par rapport à la
» France.

Perſonne, je crois, ne s'aviſe d'employer l'une ou l'autre expreſſion : il ſuffit de dire que l'Eſpagne eſt au Sud-Oueſt de la France.

» La distance à laquelle la vue peut
» s'étendre sur la surface de la Terre,
» lorsqu'on est en pleine campagne
» dans un terrein plat, est d'environ
» deux lieues & demi de France.

Cette distance ne sçauroit être déterminée, les objets s'apperçoivent plus ou moins distinctement pour les uns que pour les autres; suivant la qualité de la vue, & selon que l'œil ou les objets sont plus ou moins élévés. Les tours, les clochers peuvent s'appercevoir confusément à une distance assez considérable : l'expérience m'en a convaincu différentes fois, j'ai remarqué, par exemple, dans les vastes plaines de l'Ukraine des objets éloignés de six ou sept lieues, à la simple vue. J'ajoute que dans un tems serein on voit de Calais le Château de Douvres, ces deux Places sont pourtant éloignées de sept grandes lieues.

PLANCHE XII.

L'Auteur nomme Ascendants les Signes qui sont dans la partie Nord du Zodiaque & Descendants ceux qui ſe trouvent dans la partie Sud de cette bande ; cependant lorſque le Soleil eſt ſous l'Ecreviſſe, le Lion ou la Vierge qui ſont Septentrionaux, il eſt dans les Signes Deſcendants, & lorſque l'aſtre du jour eſt ſous le Capricorne, le Verſeau ou les Poiſſons qui ſont Méridionaux, il eſt dans les Signes Aſcendants. Les Signes Aſcendants ſe comptent depuis le Solſtice d'hiver juſqu'au Solſtice d'été, & les Deſcendants ſont compris entre le Solſtice d'été & celui d'hiver.

Planche XVI.

» La Mer, ſuivant le ſentiment » des Pilotes les plus habiles, n'a » nulle part plus d'une lieue & demi » de profondeur.

L'Auteur ne s'en eſt pas ſouvenu dans la Planche 33e. où il ne donne qu'une lieue. On évalue auſſi la profondeur commune de la Mer à 1000. pieds, mais à dire vrai, ce ſont toutes conjectures bien peu fondées, parce qu'il y a une infinité d'endroits qu'on n'a jamais ſondés.

» Tout ce qui eſt blanc ſur le Glo-
» be nous fait connoître les endroits
» inconnus, & dont on ne peut aſſû-
» rer qu'ils ſoient de la terre ou de
» l'eau.

N'en déplaiſe à l'Auteur, une très-grande partie du blanc ſur le globe eſt très-connue pour être de l'eau : on peut aſſûrer, par exemple, qu'entre la France & le Canada, il y a un grand eſpace de Mer aſſez bien connu ; il s'enſuivroit de cette notion ſinguliere que l'on ne ſeroit pas ſûr auſſi de ce qu'eſt le blanc intérieur des Continens. Voilà ce qu'on pourroit appeller un *Pirroniſme Géographique*.

» Il ſuffit d'ouvrir les yeux pour
» s'appercevoir que la Terre eſt com-
» priſe ſous une ſeule ſuperficie cour-
» be, l'expérience & le raiſonnement
» nous démontrent que ſi elle en étoit
» environnée de pluſieurs, toutes ces
» ſurfaces formeroient des élévations
» & des abbaiſſemens qu'on ne dé-
» couvre cependant nulle part : au
» contraire, en quelqu'endroit que
» l'on ſe trouve, l'eſpace de terre
» que l'on peut découvrir paroît tou-

» jours également plat, & par consé-
» quent la Terre proprement dite ne
» peut être que ronde ou sphérique.

S'il avoit suffi aux premiers hommes d'avoir les yeux bien ouverts pour connoître la vraie Figure de la Terre, ils ne l'auroient pas considérée comme une vaste plaine entrecoupée de hauteurs & de cavités : des anciens Philosophes, des Péres de l'Eglise même ont été de ce sentiment. La raison & l'expérience ont eu plus de peine à anéantir cette opinion, qu'il n'y en a à se convaincre sans argumens que tout le raisonnement de l'Auteur est louche d'un bout à l'autre, je dirois presque, incompréhensible.

Le Globe Terrestre représenté du côté de nôtre hémisphére, a été dessiné par un Graveur, c'est un morceau de Géographie qui paroit avoir été fait à tout hazard, & qui cependant n'est pas rare dans son espéce. Sans divisions des principaux Etats, il comprend des Villes dont les noms estropiés méritent à peine d'être connus ; tels que Kesmy, Sagalien, Hotun, Sigan & Siluc en Asie ; Zavela, Asuan, Sanguin, Sabaa, Tor & Guaden en Afrique ; & au contraire il y manque des Capitales, comme Londres, Coppenhague, Stockolm, &c. en Europe ; Chiutaye ou, pour mieux dire, Kutahié, Dehly, Samarcand & Yedo en Asie ; Alger, Tunis, Tripoli, St. Salvador, &c. en Afrique.

PLANCHE XIX.

On voit sur nôtre Hémisphére une chose curieuse pour les Modernes ; c'est l'isle de Ceylan sous l'ancien nom de Tapobrane, encore faut-il deviner qu'il appartient à cette Isle plutôt qu'à d'autres. On y voit aussi (le tout par analogie au discours sur les Zônes) des noms de Pays au nombre de neuf, tant grands que petits ; une multitude de Fleuves sans noms, excepté le Gange ; deux noms de Villes, Moscou & Edimbourg, encore sont-ils sans leurs positions. Il est fait mention dans le discours de l'Arménie, de l'Islande, de la Norwége, & de quelques Terres Arctiques, néanmoins on n'en découvre pas les noms dans cet Hémisphére. Il est question aussi de la Baye d'Hudson & du Canada dans l'autre Hémisphére, qu'on suppose ici sans doute figuré dans l'imagination du Lecteur.

Planche XXI.

» On doit toujours ajouter au mot » *Latitude* celui de Septentrionale ou » Méridionale.

Il est constamment d'usage parmi nous, quand on dit simplement *Latitude*, d'entendre la Latitude Septentrionale, parce que toute l'Europe se trouve située vers le Pôle Arctique.

» Un Degré de Longitude ne vaut » que 16. lieues communes sur le Parallèle de Paris.

Il vaut environ $\frac{1}{3}$ de lieue de plus, & la Table que donne l'Auteur dans la Planche suivante de la valeur des degrés de Longitude sur les parallèles de Latitude, est fausse, si l'on s'en rapporte à d'autres Tables bien calculées, il ſuffit de comparer quelques ſupputations d'une bonne Table avec quelques-unes de la ſienne.

Selon lui le Degré de Longitude ſur le 68e. parallèle ne vaut que 7. grandes lieues, & ſeulement 4. ſur le 77e.

Suivant d'autres, il vaut 7. grandes lieues & $\frac{49}{100}$ c'eſt-à-dire à bien peu de choſe près $\frac{1}{2}$ ſur le premier de ces parallèles ; & 4 $\frac{50}{100}$ ou $\frac{1}{2}$ ſur le ſecond.

L'Auteur paroît ignorer que les Anglois établiſſent quelquefois le premier Méridien à Londres, ou au Pic des Açores ; & les Portugais à Liſbonne. Que les Arabes le font paſſer par les Iſles Canaries, ou par le Détroit de Gibraltar : que les Indiens & autres Peuples Aſiatiques commencent à compter la Longitude du milieu de notre Hémiſphére ſous l'Equateur, en allant d'Orient en Occident, ſuivant le cours apparent du Soleil : les Eſpagnols la comptent dans le même ſens ; ils ne ſont donc pas les ſeuls, quoiqu'en diſe l'Auteur dans la Planche 22e.

Planche XXIII.

» Le nom d'Antipodes vient du
» mot *contrà* contre, & du mot *pes*
» pied.

L'étymologie *contrà* eſt originale : un Anglois peut de même ſoutenir que le nom d'Antipodes vient du mot *Againſt*, & un Grec prétendra avec plus de raiſon qu'il vient d'*Anti*. Ces différens mots ont une ſignification commune, mais le dernier a l'avantage de la reſſemblance.

Planche XXIV.

L'Auteur erre d'une maniére étonnante dans les Meſures itinéraires, tant anciennes que modernes : je ſuis appuyé dans ce que j'avance de l'autorité des Voyageurs les plus exacts, & des plus fameux Géographes ; qu'il me ſoit permis de compter auſſi pour quelque choſe les recherches que j'ai faites moi-même dans dix ou douze années de voyages, & les relations que j'ai encore avec les étrangers. Il feroit fort ennyeux de trouver ici plusieurs pages hérissées de calculs : je me borne à quelques exemples.

Mesures anciennes.

» La lieue Gauloise étoit de 1500 » pas, & de 1133. toises 1. pied 3. » pouces ; & de 50. au degré.

Il faut démêler ceci : 1500. pas font 1250. toises, ou autrement 1133. toises 1. pied 3. pouces ne valent que 1359. pas & environ 10. pouces : ensuite pour faire 50. de ces lieues au degré il faut 1141. toises 1. pied & environ 2. pouces pour la lieue.

Il est d'autant plus impossible à l'Auteur de s'accorder avec lui-même, que je conviens avec lui que la valeur du degré est de 57,060. toises.

La lieue Gauloise étoit de 1360. pas & près de 10. pouces ; de 1134. toises : & il falloit 50. lieues $\frac{1}{3}$ au degré. La différence dans certains points n'est pas grande : mais continuons.

» Le Schœne commun des Egyp» tiens étoit de 60. stades, & com-

» prenoit 7608. toiſes; & étoit de
» 7. ½. au degré.

Il ne falloit qu'environ 36. Stades ½. pour le Schœne, à 114. toiſes le Stade ; & le degré étoit évalué à 500. Stades ½. conſéquemment le Schœne ne comprenoit que 4166. toiſes ⅔. & il en falloit 13. ⅔ au degré. La différence eſt preſque du double.

Meſures modernes.

» Le Mille de Hollande eſt de
» 3003. toiſes, & 19. au degré.

Ce Mille contient 2000. roues, verges ou perches du Rhin & de Leyde, évaluées à 3865. toiſes ¾. il ne faut donc que 14. ¾. de ces Milles au degré.

» Le Mille Romain moderne eſt
» de 764. toiſes, & de 74. ⅔ au degré.

J'en conviens ; mais qu'eſt-ce donc qu'un certain Mille Romain ou Italique, dont l'Auteur parle dans les Meſures anciennes, & qu'il fait de 951. toiſes, & 60. au degré ? Nos ſentimens différent ici ſingulierement : le Mille Romain ancien étoit de 756. toiſes, & 75. $\frac{1}{2}$ au degré ; ainſi il étoit à fort peu de choſe près le même que le Mille moderne.

» La lieue de Dauphiné (dans les » meſures particulieres de la France) » eſt de 3003. toiſes, & 19. au degré.

Elle eſt de 3804. toiſes, & il n'en faut que 15. au degré : effectivement on ne connoît pas de lieue plus longue dans le Royaume.

» La grande lieue d'Eſpagne eſt » de 3777. toiſes $\frac{2}{3}$ & de 15. au de- » gré : l'autre de 3022. toiſes, & » 18. $\frac{3}{4}$. au degré.

On y compte par lieue ordinaire de 3000. toiſes, & de 19. au dégré : on par lieue fixée de 2147. toiſes, & de 26. $\frac{1}{2}$ au degré : cette derniere eſt compoſée de 5000. *Vares*, meſure du pays.

» La lieue de Suiſſe eſt de 2480. » toiſes, & de 23. au degré.

Voici une différence des plus remarquables. Elle eſt de 4166. toiſes $\frac{2}{3}$. & il ne faut que 13. lieues $\frac{2}{3}$. au degré.

» Le Werſt de Ruſſie eſt de 661. » toiſes, & de 90. au degré.

Il en eſt de deux ſortes : le Werſt ordinaire de 708. toiſes, & 80. $\frac{2}{3}$. au degré ; le Werſt déterminé de 545. toiſes, & de 104. $\frac{2}{3}$. au degré. Cette derniere ſorte ſe partage en 500. *Sazen.*

» La Coſs (dans les Indes) eſt de » 2282. toiſes, & 25. au degré, & » elle eſt moitié du Gôs.

Elle n'eſt que de 1542. toiſes $\frac{1}{6}$. il en faut juſqu'à 37. au degré : & le Gôs eſt quatre fois auſſi grand.

L'Auteur dit que la lieue d'une heure eſt de 2853 toiſes. On ſçait qu'elle eſt plus courte, & qu'il y en a 22. $\frac{1}{2}$. dans un degré de Latitude.

Tout ce que je viens de remarquer peut répandre des doutes ſur la juſteſſe des autres meſures que rapporte l'Auteur : ces doutes ne ſont que trop bien fondés ; car de ſoixante meſures environ, il n'y a guères que le tiers de bon. Au reſte il a omis des meſures générales (ſans compter nombre de particulières) : telles ſont parmi les anciennes, la lieue Eſpagnole, qui égaloit la lieue Gauloiſe : le Mille Hébraïque de 100. au degré :

le Lis Chinois de 338. Telles ſont parmi les Modernes, le Mille ſur la Méditerrannée de 94. $\frac{2}{3}$. au degré : la lieue Marine d'Eſpagne de 17. $\frac{1}{2}$. la lieue des Pays-Bas de 20. $\frac{1}{2}$. le Mille de Bohême & de la Haute Hongrie, de 15. l'Ychan de la Chine de 2. $\frac{1}{2}$. le Giam (meſure Marine) d'Arabie, de 5. $\frac{1}{2}$. &c.

PLANCHE XXV.

» Les Cartes génerales ſont celles » où l'on ne trouve décrits que les » Villes, les Bourgs, les grandes » Forêts, &c. ſous ce nom, on com- » prend non-ſeulement la Mappe- » monde & les quatre grandes parties » de la Terre, mais encore les Royau- » mes & Provinces.

Une Mappemonde ou une grande partie de la Terre (dumoins telles qu'on en a vues juſqu'à préſent,) ne contiennent qu'un petit nombre de Villes : les Cartes de certains Royaumes (du moins en une Feuille) ne peuvent même renfermer tous les Bourgs : mais il viendra peut-être un jour que *Pantin* trouvera place ſur une Mappemonde. Il paroît même déjà une Europe d'une Feuille, annoncée comme pouvant ſervir de théâtre de la guerre préſente : c'eſt une production d'une Société d'Ingénieurs anonymes.

» Les Cartes des Royaumes de-
» mandent beaucoup de préciſion,
» parceque de petites erreurs, qui ne
» ſont rien ſur une partie de terrein
» peu conſidérable, deviennent trop
» ſenſibles & s'accumulent : les Car-
» tes des Provinces exigent un peu
» moins de préciſion.

Je ſerois, ce me ſemble, d'un ſentiment oppoſé, ſi la Géographie n'éxigeoit pas autant de préciſion dans une choſe que dans une autre.

» Comme les Cartes particulieres,
» où ſont les Villes, Bourgs, Villa-
» ges, Châteaux, &c. n'ont jamais
» aſſez d'étendue pour contenir un
» degré de la Terre, les minutes ſont
» marquées de deux en deux, &c.

Quand on connoît les échelles & les différentes grandeurs de papier, il n'eſt pas permis de raiſonner ainſi.

Par

Par exemple, l'échelle d'un demi-pouce par lieue commune n'eſt-elle pas ſuffiſante pour repréſenter les Villages, Hameaux, &c. & faut-il, moyennant cela, une bien grande feuille de papier pour la hauteur d'un degré qui fait 25. lieues.

L'Auteur a oublié ici parmi les différentes dénominations de Cartes, celle de *Géo-hydrographiques*, qui ſont des Cartes dans leſquelles on joint à la deſcription de la Mer & des Iſles une certaine étendue du Continent.

» Pour compoſer un excellent » ATLAS, il faut choiſir les meil- » leures Cartes de chaque Auteur, » en préférant toujours les nationales.

Il arrive aſſez ſouvent, par exemple, que des Cartes Allemandes, faites par les héritiers de Homann, ou des Cartes Angloiſes faites par Moll, ne ſont entre les mains de quelques-uns de nos Géographes que des matériaux, qui ſervent à faire quelque choſe de meilleur : d'un autre côté qu'un Tobie Mayer en Allemagne entreprenne de traiter la France, il y réussira mieux sans contredit que ceux de nos prétendus Géographes, qui, à la honte de la Nation, prouvent par leurs Ouvrages qu'ils ignorent même le nombre des Gouvernemens du Royaume. Si donc l'excellence se rencontre toujours dans les Cartes Nationales, ce n'est pas dans toutes.

» Dans les Cartes générales, l'E-
» chelle représente ordinairement des
» lieues, des milles... mais on n'ou-
» blie jamais l'échelle des mille pas
» Géométriques, dont 60. font un
» degré.

Il n'est pas question de Pas Géométriques sur beaucoup de Cartes : on n'y voit que les mesures propres des pays qui y sont décrits, mais qui doivent toujours avoir un rapport plus exact au degré de Latitude, que ne l'est celui de 60. mille pas : car s'il est vrai que la valeur du degré soit de 57060. toises, il est vrai aussi que cette même valeur est de 68472. pas Géométriques, puisque chacun fait les $\frac{5}{6}$. de la toise.

» La distance que donne les Car-

» tes eſt en ligne droite ; ainſi on con-
» cluroit mal ſa route en comptant de
» cette maniere, parce que les chemins
» ont des détours : de-là il ſuit que
» les diſtances fournies par les Voya-
» geurs ſont rarement vraies, &
» qu'elles ont beſoin d'être rectifiées
» par les obſervations Aſtronomi-
» ques.

Un chemin différe d'une ligne droite, cela eſt clair ; & pour conclure ſa route (du moins par eſtimation approchante) on peut ajouter à la ligne droite environ la quatriéme partie en ſus : mais il ne ſuit pas qu'on doive peu compter ſur les diſtances données par les Voyageurs ; il en eſt qui ont aſſez de bonne foi & de connoiſſances, pour ne rien avancer au hazard : leurs itinéraires ſervent avantageuſement, au contraire, à rectifier les obſervations Aſtronomiques, qui ſouvent ne différent que trop entr'elles ſur la détermination des lieux.

» Les obſervations céleſtes paroiſ-
» ſent ſuffire pour la conſtruction des
» Cartes générales, mais il faut de

» plus les itinéraires & les relations
» pour dresser les particulieres.

On exécuteroit en effet de grandes choses avec environ 7. à 800. observations que l'on a faites sur terre (en les supposant toutes bien constatées) des Cartes générales de cette sorte seroient un bel échantillon de Géographie.

L'Auteur s'écarteroit, dit-il, de son Plan, s'il traitoit de la maniere de construire des Cartes : cependant il s'est ravisé dans la Planche 27e. il a renoncé à l'envie qu'il avoit de n'en rien dire, parce qu'on lui a fait observer que cela ne pouvoit que piquer la curiosité des Lecteurs. Il est vrai que la matiere est importante, & beaucoup plus que tant d'autres choses répandues dans ses immenses élémens, & étrangeres à son Plan ; mais je n'y ai reconnu qu'une théorie informe, qui a déjà été traitée de même dans les ouvrages auxquels il avoit pris le parti de renvoyer le Lecteur, & parmi lesquels (soit dit en passant) il a oublié Varenius.

Ajoutons que pour citer l'Encyclopédie sur cette matiere, il auroit dû attendre que l'article des Projections, qui n'est pas fait, eût suppléé à ce qui en est dit au mot *Carte*.

PLANCHE XXVI.

» Pour faire une bonne Carte, il » faut avoir soin que tous les che» mins avec les distances y soient » marqués : c'est là une des plus gran» des perfections.

Je suis enchanté que ce sentiment s'accorde avec l'étonnement que m'a toujours causé la négligence des Géographes sur cet article ; & c'est là où j'attens dans la suite l'Auteur, qui, après avoir si bien parlé, commence par nous donner dans la Planche suivante une Carte sans routes (c'est l'Isle de France,) qui ne peut conséquemment, suivant ses propres expressions, être nommée la vraie représentation d'un pays.

» On sçait que les Anciens se con» tentoient de parcourir leur terrein, » sans avoir envie de connoître celui » de leurs voisins.

Le contraire ſe prouve par leurs voyages, quoique moins conſidérables que ceux des Modernes, depuis l'invention de la Bouſſole. Ceux-là n'ont pas moins été curieux que ceux-ci, ni moins entreprenans.

PLANCHE XXVII.

La Carte de l'Iſle de France, qui ne ſert pas ici à grand choſe, n'eſt pas achevée vers le Nord-Eſt. Le Gouvernement de Paris, qui y eſt enclavé, & qui comprend différens lieux, méritoit une diviſion; comme Soiſſons méritoit une poſition & un caractere plus diſtingué que bien d'autres lieux, en qualité de Capitale du Gouvernement de l'Iſle de France. Le nom du Gouvernement du Maine, qui confine au précédent vers le Sud-Oueſt, ſe trouve omis. Parmi un très-grand nombre de villages, on eſt un peu étonné de n'y pas rencontrer Sève ſur la route de Verſailles, & Eſſone ſur la route de Fontainebleau; tous deux remarquables. Il eſt embaraſſant de choiſir de deux poſitions fort éloignées celle qui convient à Eſtampes ; & il eſt bon d'avertir ici que l'on doit prendre juſtement la plus petite, quoique ce ſoit une ville conſidérable ; ainſi l'autre poſition reſte ſans nom. La Seine eſt trop peu diſtincte par rapport aux rivieres qui s'y jettent.

Voilà quelques légéres obſervations ſur la partie du Royaume que nous devons le mieux connoître : que ſera-ce des autres Provinces ? Que ſera-ce bien plus de tant de différens Etats dont la Terre eſt compoſée ? Mais venons à d'autres matieres ſuivant l'ordre que nous preſcrit l'Auteur.

» En ſuppoſant l'œil dans l'axe de » la Terre, l'Equateur eſt la limite » de la projection.

Dans quel point de l'Axe faut-il ſuppoſer l'œil? C'eſt, ſi je ne me trompe, dans un de ceux qui en ſont les extrémités, c'eſt-à-dire à l'un des Pôles : c'eſt ce qu'il étoit bon d'expliquer.

» En ſuppoſant l'œil placé au » centre de la Terre, la projection

» (de pure curiosité) se fait sur un
» parallèle au premier Méridien : les
» parallèles sont des Hyperboles, &
» les Méridiens des Droites.

Pour l'intelligence d'une projection, qui n'est pas aisée à comprendre, il est dommage qu'on ne rencontre pas une Carte qui puisse servir d'exemple.

» La Carte plane, entr'autres er-
» reurs auxquelles elle est sujette,
» représente les distances des lieux de
» l'Est à l'Ouest plus grandes qu'elles
» ne sont.

Si la Carte plane est générale, les distances de l'Est à l'Ouest ne peuvent être que justes à l'Equateur ; elles ne sont fausses qu'à mesure qu'elles s'en éloignent vers le Nord ou vers le Sud. Si la Carte est particuliere, les distances d'Est & d'Ouest seront justes sur le parallèle de projection.

» Dans la Carte réduite les Méri-
» diens sont des Droites convergen-
» tes vers les Pôles. Les Parallèles
» sont représentés par des droites pa-
» rallèles les unes aux autres, mais
» inégales... Comme inclinées aux
» Méridiens.

Oui, la Géométrie nous enſeigne cette vérité évidente, que *des Parallèles ſont parallèles*. On a voulu, ou l'on auroit dû dire que les Parallèles dans la Carte réduite ſont des lignes droites, diviſées par la convergence des Méridiens en parties qui ſe rétréciſſent en allant vers les Pôles : & ces Méridiens ſont vraiment inclinés aux parallèles.

PLANCHE XXVIII.

Cette Planche de l'Océan Occidental, ne céde en rien aux autres. L'on y a oublié les noms de quelques grandes parties & pays de la Terre : cependant pour qu'on n'ait pas entierement ſujet de ſe plaindre, on en rencontre quelques-uns par-ci, par-là : mais il eſt reſté au bout du burin la France, l'Amérique, la Louiſiane, la Guayane & le Mexique ; il n'y a même aucune poſition dans toute l'étendue de ce dernier pays. Il y a des Ports conſidérables omis, tels que le Havre, Département de Marine & la Rochelle. Nantes paroît ſituée ſur la Mer, & il n'y a pas la moindre trace de la Loire ; en Eſpagne le Ferrol, Département de Marine & la Corogne ſont auſſi omis. Ceuta, Oran, Alger auroient fort bien trouvé place ſur la Méditerrannée par la même raiſon que Tanger, Gibraltar & Carthagene y ont chacun trouvé la leur. En Afrique, Salé omis, Saptrie mot inconnu ou eſtropié en place d'Araſi. En Amérique, l'Iſle Royale avec le Cap Breton ou Louiſbourg omis : dans l'*Acadie* une poſition accompagnée de ce mot qui eſt en petit caractere italique comme celui d'un lieu particulier, de ſorte que des gens peu inſtruits attribueroient volontiers le nom du pays à la poſition, au lieu du nom de Port-Royal ou Annapolis, qui manque : Boſton, avec un caractere qu'on ne ſoupçonnera jamais être celui de la principale ville de toutes les poſſeſſions Angloiſes du nouveau Monde : la Nouvelle York, fort mal à propos nommée encore Orange : la Nouvelle Jerſey avec Shrewſbury ſa capitale ; la Penſylvanie, le Maryland avec Ste. Marie,

Jameſtown capitale de la Virginie, Charleſtown capitale de la Caroline, & la Georgie ; tout cela omis. Qui auroit jamais pû croire qu'on s'hazardât à donner au Public des Cartes ſemblables ! & qui pourroit encore ſe figurer qu'il y en a d'autres tout au moins auſſi négligées, & qui plus eſt, qui fourmillent d'erreurs & de bévues impardonnables ?

PLANCHE XXX.

L'Auteur n'employe pas le mot d'Océan par rapport aux quatre points Cardinaux du Monde ; il étend la Mer du Nord, & la Mer Atlantique (mieux nommée aujourd'hui Océan Occidental) au-de-là de l'Equateur vers le Midi : & il donne le nom de Jedſo (autrement Yeſo terre inconnue) à ce qui doit s'appeller Mer du Japon.

Dans la Mappemonde que repréſente cette Planche, les grandes parties de la Terre ſont diviſées ſuivant les Mers qui les baignent par des points colorés, excepté l'Amérique où il n'y en a pas un ſeul, j'ignore pourquoi, & à quoi bon d'autres diviſions ſans noms, peu exactes & en moindre quantité qu'elles devroient être.

Quant à la diſpoſition, la Tartarie eſt marquée toute au Nord de l'Aſie, fort loin des Indes & de la Chine, quoiqu'elle doive y confiner.

PLANCHE XXXI.

» On a reconnu que, parmi les » Montagnes des Andes, quelques- » unes avoient 3000. toiſes au-deſſus » du niveau de la Mer & 800. de » hauteur perpendiculaire.

On a reconnu auſſi que quelques-unes de ces Montagnes vers Quito ont au moins 3300. toiſes de hauteur perpendiculaire.

» Lorſqu'une Côte eſt accompa- » gnée de petites montagnes de ſa- » ble, on la nomme Dune ou Fa- » laiſe.

Il y a beaucoup de différence entre Falaiſes & Dunes. Celles-ci ſont des monticules de ſables fort évaſées. Celles-là ſont des bords de la Mer hauts & fort eſcarpés.

» Un Arſenal eſt un Port deſtiné » pour la conſtruction des Vaiſſeaux.

Pour diſtinguer les Arſenaux de Marine, des Arſenaux de Places fortes en terre ferme, il eſt d'uſage d'appeller les premiers, ou Départemens, ou Chantiers de Marine.

» Une Province eſt une partie d'un » Etat où le Souverain envoie un » Gouverneur.

Pluſieurs Provinces ne forment quelquefois qu'un ſeul Gouvernement; le Périgord, la Gaſcogne, le Quercy, &c. ſont des Provinces qui font partie du Gouvernement de Guyenne.

» Une Ville eſt un lieu rempli de » maiſons, &c.

Cela eſt clair, & la Ville a cela de commun avec les bourgs. Qu'il me ſoit permis de m'amuſer à rèfuter des définitions qu'on s'eſt amuſé à faire.

» Un Bourg eſt un petit lieu qui a » droit de Marché, mais où il n'y » a point de Communauté.

Que L'Auteur entende Communauté Civile ou Religieuſe, il a également tort. Au reſte il y a des Bourgs qui égalent des Villes, tant par leur grandeur que par le nombre des habitans.

» Un Hameau est un petit Village » où il y a peu de maisons, & où il » n'y a point d'Eglise Paroissiale.

Il y a aussi des Villages proprement dits, dont il ne dit mot, qui au lieu de Paroisses n'ont que des Annexes. Si l'on en croit l'Auteur des fautives Institutions de Géographie, les Villages n'ont point d'Eglise Paroissiale.

» Une Riviere est un amas d'eaux » qui coulent toujours, dont on con- » noit la source & l'embouchure.

Il est des Rivieres dont la source ou l'embouchure sont incertaines, comme il en est qui ne sont pas connues dans quelques parties de leurs cours; & elles ne laissent pas que de porter ce nom : on en trouve sur-tout en Afrique.

» Des Canaux, les uns sont faits » pour la navigation, comme ceux » de Languedoc & de Briare : les » autres pour faciliter le commerce, » comme ceux de Douai à Lille, » de Bruxelles à Anvers.

A quoi ſert cette diſtinction de navigation & de commerce ? Je ne crois pas que perſonne conteſte que l'utilité de ces Canaux ſoit la même.

Mais voici une autre diſtinction auſſi ſubtile, à la lecture de laquelle je ne pouvois d'abord en croire mes yeux.

» Havre de toute Marée, quand » on n'eſt pas obligé pour entrer ou » pour ſortir d'attendre la commo» dité de la Marée. C'eſt un Havre » d'entrée, quand il y a toujours aſſez » d'eau pour entrer & pour ſortir, ſans » attendre la commodité de la Ma» rée.

» Havre brut, quand la nature » ſeule l'a formé.

Le terme propre eſt Crique, que l'Auteur confond avec l'Anſe.

PLANCHE XXXV.

Dans la Carte d'Europe que repréſente cette Planche, l'art de la projection eſt inconnu, ainſi que dans les trois autres parties du Monde qui ſuivent ; car les Méridiens & les Parallèles ne ſont pas tracés dans leur étendue, & il n'y a que la graduation des Côtés ; encore manque-t'elle au haut de la Carte d'Aſie, dumoins dans l'éxemplaire que j'ai en mains : ce que je n'attribue qu'à pure inadvertence. Mais quant au trait dont je parle des Méridiens & des Parallèles, c'eſt un défaut eſſentiel, & qui le ſeroit moins dans des Cartes particulieres, parce que plus une partie d'un Méridien ou d'un Parallèle eſt petite, moins la Courbure eſt ſenſible, & au contraire : Les regles n'étant pas miſes en évidence, il y a toujours à douter qu'elles aient été obſervées : de-là naiſſent tant de copies ou réductions informes.

La Scandinavie paroît ne comprendre que la Suéde & la Laponie ; cependant il faut y ajouter les Etats de Dannemarck.

La Laponie paroît entierement compriſe dans la Suéde : que diront les Ruſſes & les Danois ? De plus l'Auteur a mis dans ce pays, Tornea qui eſt Capitale de la Bothnie : & il a fait une légére diviſion qui aboutit au

Golfe de Bothnie, & qui sépare mal à propos la Suéde en deux parties. L'Isle d'Oesel est enluminée de la couleur de la Suéde : elle est à la Russie.

Il fait Christiania Capitale de la Norwege ; c'est depuis long-tems Berghen, qui est la résidence du Gouverneur Général ou Viceroi. Les Monts de Siberie séparent l'Europe de l'Asie ; cela est vrai, & leur nom est Poyas : mais la riviere de Medwedica qui se jette dans le Don, ne sert de bornes en aucun endroit à ces deux parties de la Terre ; elles sont plus reculées, & c'est le Wolga, si l'on en croit l'Atlas même de Russie.

Je ne sçais pourquoi la petite Tartarie se trouve comprise dans la Turquie, & non la Walachie & la Moldavie, qui semblent former des Etats distincts : cependant tous les trois sont également vassaux du Grand Seigneur, & ce n'est pas, comme le prétend l'Auteur, Jassy qui est Capitale de la Moldavie ; depuis que cette ville est en ruines, Soczowa occupe ce rang.

L'Auteur laisse l'aimable nom de Cythere, tant célébré par les Poëtes de tous les âges, à une petite Isle très-désagréable de la Morée appellée aujourd'hui Cerigo, & qui n'est plus qu'une pépinière de lapins.

La Hongrie est enluminée de même que l'Allemagne, quoique ce Royaume en soit absolument indépendant, & ce n'est plus aujourd'hui Bude qui en est la capitale, elle l'est seulement de la Basse-Hongrie ; la capitale de tout le Royaume est Presbourg, où se fait le couronnement des Rois, & où réside le Palatin ou Vice-Roi. Il reste à renfermer le nom de Transylvanie dans une division qui paroît faite à dessein.

Le Royaume de Bohême seul se trouve distingué du reste de l'Allemagne, de maniere que la Silésie, la Moravie & la Lusace sont censées être de l'Allemagne proprement dite. Néanmoins il est constant que ces trois Provinces ne sont d'aucun cercle de l'Empire, & sont au contraire des Fiefs de la Bohême, avec laquelle elles composent ce qu'on appelle en général les Etats de Bohême.

Quelle diſpoſition que celle-ci! le Royaume d'Ecoſſe eſt en caractere italique, tandis que les Iſles Orcades & Hébrides, qui en dépendent, ſont en romaine. Au reſte, les dernieres de ces Iſles s'appellent mieux Iſles de l'Oueſt, en langue du pays *Weſtern Iſlands.*

» L'Europe, dit l'Auteur, quoi- » que la plus petite partie du conti- » nent, eſt cependant la plus conſidé- » rable par la grandeur de ſes ri- » cheſſes, &c.

Il faudroit, pour que cela fût vrai, que les ſources d'où elle les tire, fuſſent taries.

Au lieu de dire ſimplement que les Alpes ſont entre la France & l'Italie, il me ſemble qu'on doit les étendre encore entre la Suiſſe & l'Allemagne.

La Table des Principaux Fleuves eſt aſſurément originale: on y diſtingue ceux qui ſe jettent dans les Mers d'avec ceux qui ſe jettent ſur les Côtes; de ſorte que la Mer de France

& les Côtes de France ne ſont pas la même choſe, & l'on y trouve, par exemple, l'Aude, la Saone & la Moſelle, mais il y manque la Dordogne, qui, par ſon confluent avec la Garonne, forme la Gironde, Fleuve qui porte des vaiſſeaux.

Enfin, dans la diviſion de l'Europe, en ſes principales parties ou Etats, ſe trouvent compriſes des Provinces ou dépendances de ces mêmes Etats: telles ſont la Laponie, la Norwege, la Lithuanie, la petite Tartarie, la Moldavie & la Walachie, la Bohême, & la Savoye : c'eſt à peu près comme ſi dans cette diviſion générale de l'Europe on eût mis ſéparément à côté de la France, le Languedoc, ou à côté de l'Allemagne le Cercle d'Autriche.

PLANCHE XXXVI.

L'Auteur n'a pas prétendu ſûrement que tout l'Empire de Ruſſie fut renfermé dans l'Aſie, cependant il paroît l'être dans ſa Carte ; comme le Royaume d'Aſtracan (qui n'eſt pas nommé) paroît faire partie de la Ruſſie Européenne, quoique ce ſoit un Gouvernement de la Ruſſie Aſiatique.

Tobolsk capitale de la Sibérie paroit être ſituée ſur un bras de Mer fort au-deſſous du confluent de l'Irtish avec l'Oby : c'ſt une double erreur ; car Tobolsk eſt ſur l'Irtish, qui à 70 lieues plus loin ſe jette dans l'Oby, dont le cours, après cette jonction, diviſé en pluſieurs branches qui forment de grandes Iſles, eſt encore de plus de 160 lieues juſqu'à la Mer.

Le Lac Balkaſi au Sud de l'Irtish pourroit bien être un Lac chimérique ; mais ce même Fleuve traverſe le Lac Korzana ou Saïſan.

Il n'eſt pas fait mention du Tibet, des Calmuks & des Uzbeks, peuples les plus nombreux & les plus puiſſans de la Tartarie indépendante, de laquelle auſſi on n'a pas diſtingué la Tartarie Chinoiſe.

On a reculé Smirne à 25 lieues de la Mer pour le mettre au pied du Mont Taurus ; c'eſt pourtant un Port célébre qui eſt une des Echelles du

Levant : d'ailleurs elle n'est pas capitale de l'Anatolie, c'est Kutahié que nous appellons autrement Chiutaye, & l'Anatolie ne doit pas donner son nom à toute la Turquie Asiatique, puisqu'elle n'en fait qu'une Province.

Les Monts Liban & Sinaï, tous deux si célébres, sont oubliés parmi les fameuses Montagnes de l'Asie.

On ne voit pas dans cette Carte le Royaume d'Yemen, qui fait une des principales parties de l'Arabie, & qui a Sanaa pour capitale.

Ava, dans les Indes, est un autre Royaume omis, quoique depuis la conquête de celui de Pegu, il soit au moins aussi étendu & aussi puissant que celui de Siam : la capitale de ce dernier n'est pas une ville de même nom, elle s'appelle Iudia.

Des deux principales villes du Mogol, ce n'est plus Agra qui en est la capitale, c'est Gehan-abad ou Dehli. Ce même Empire dans la Carte ne se trouve distingué de l'Inde en général par aucune division : néanmoins l'Auteur les sépare, ainsi qu'il fait encore de l'Inde propre, par le Gange, dans sa Table de la division générale de l'Asie. Ce qu'il y a de vrai, c'est que le Mogol n'est autre chose qu'une partie des Indes, mais la plus considérable.

D'ailleurs dans cette division générale il prend la partie pour le tout, en donnant le nom de Sibérie à la Russie Asiatique, quoiqu'elle n'en soit qu'un Gouvernement, comme Astracan & Orenbourg en sont les deux autres.

PLANCHE XXXVII.

L'Auteur a déterminé les limites de toute la Barbarie, du Beledul-Jerid, du Sahra ou Désert, de la Nigritie & de la Guinée ; & au contraire il a laissé celles du Manomotapa indécises. Cela est d'autant plus inconséquent, qu'il convient que l'intérieur de l'Afrique est inconnu, & que l'on n'en connoît guères que les Côtes.

Chacun sçait que le Détroit de Bab-al-mandel est un des plus fameux du Monde ; son nom est omis dans la

Carte précédente, mais il eſt marqué dans celle-ci, quoique d'ailleurs l'Auteur n'ait mis dans ſa Table que le ſeul Détroit ou Canal de Moſambique.

Si, comme il le prétend, le Sénégal ſort du Lac Maberiac, Ptolemée avoit donc tort de faire ſortir ce Fleuve, appellé de ſon tems Daradus, des Monts Caphas à plus de cent lieues au-de-là vers l'Orient : les plus ſçavans Géographes s'accordent en cela avec Ptolemée.

Il fait ſortir le Niger du Lac Bournou : ſuivant ce ſentiment, ce Fleuve couleroit d'Orient en Occident, au contraire de l'opinion des mêmes Sçavans, qui en tiennent ce Lac éloigné d'une centaine de lieues, & ſans aucune communication.

Il fait encore ſortir du Lac Dembea un Fleuve ſous le nom de Nil moderne, au lieu du nom d'Abawi qui doit ſubſiſter, juſqu'à ce qu'on ait bien prouvé que l'origine du Nil n'eſt plus, ſuivant les Anciens, dans les Montagnes appellées de la Lune.

Je conviendrois avec l'Auteur que le

le Zaïre ſort du Lac Aquilunda, s'il n'entendoit pas que ce Lac même en fut la ſource; il en eſt ſeulement traverſé, & la ſource du Fleuve eſt à environ 120 lieues plus loin: encore faut-il ſuppoſer que l'on ait une vraie connoiſſance de ce Lac.

D'un côté l'Auteur a mis dans le Deſert un Lac ſous le nom de Mouſa, je ne ſçais ſur quel fondement: de l'autre il en a oublié quelques-uns au moins auſſi conſidérables que les précédens, comme le Lac Elloudeah ou Faraon aux confins du Royaume de Tunis & du Beledul-Jerid, le Lac Couir où vont ſe réunir les deux ſources du Nil, &c.

L'on ſeroit tenté de refuſer l'exiſtence à la ville qui porte le nom de Techord ou Técort dans le Beledul-Jerid, ſi on ne la trouvoit ſur certaines Cartes, & ſi l'Abréviateur de la Martiniere (qui a montré les erreurs des autres en attendant que l'on montre les ſiennes) ne nous aſſuroit que les habitans de Técort ſont fort affables envers les étrangers.

Dans la diviſion générale de l'Afrique on a fait entrer des pays, qui ne doivent former que des divisions particulieres, tels sont Barca & Fez. Le premier n'est qu'un misérable désert dans les Etats de Tripoli : le second fait partie de ceux de Maroc, dont la capitale n'est plus la ville de même nom, depuis que Miquenez est devenu la résidence ordinaire de l'Empereur Barbaresque.

Dans la Nigritie ce n'est pas Gago, mais Tombut qui est la ville la plus importante : comme dans la Nubie Sennar capitale du Royaume de Fungi, au lieu de Duncala qui en releve, & dans le Manomotapa Zimbaoé résidence de l'Empereur, au lieu de Chicova. Quant à l'Abissinie, Gondar (ou pour mieux dire Guender) ne passe pour autre chose qu'un camp que l'Empereur transfére où il lui plaît, quoiqu'il y ait nombre de villes ou villages dans ses Etats; mais son goût, (trouve à dire parmi nous qui voudra,) est pour les capitales ambulantes.

Il reste à observer que l'Auteur n'auroit pas dû omettre dans sa

Table de diviſion, le Royaume de Tombut dans la Nigritie ; ceux de Dahomé & de Benin dans la Haute Guinée ; celui d'Angola dans la Baſſe ; le pays des Hotentots, l'Empire des Bororos, les Royaumes de Nimeamay ou Mano-emugi & d'Adel dans la Cafrerie ; celui de Fungi & la Côte d'Habesh dans la Nubie, &c. le tout par la même raiſon qu'il y a inſeré Barca, Tripoli, Tunis, Alger, Fez & Maroc dans la Barbarie ; Gago dans la Nigritie ; & Duncala dans la Nubie.

PLANCHE XXXVIII.

La diviſion générale de l'Amérique n'eſt pas moins défectueuſe que celle des autres parties du Monde : l'Auteur y inſére quelques provinces Angloiſes, telles que la Nouvelle Jerſey, la Penſylvanie, &c. & il en néglige d'autres, ſçavoir la Nouvelle Yorck, le Maryland & la Georgie, qui toutes doivent être compriſes ſous le nom général de Nouvelle Angleterre, comme les différentes parties du Canada sont comprises sous le nom de Nouvelle France. D'ailleurs l'ordre dans lequel il les nomme, ne s'accorde pas même avec sa Carte ; car il met la Nouvelle Angleterre propre entre la Virginie & la Pensylvanie , celle ci entre la Nouvelle Angleterre & la Nouvelle Jersey ; tandis que la vraie situation de la Nouvelle Angleterre est au Nord de la Pensylvanie & de la Virginie ; comme la Pensylvanie est au Sud de la Nouvelle Jersey & de la Nouvelle Angleterre.

Dans cette même Table il n'est question ni de la Guayane , ni de la Nouvelle Grenade. La Guayane est un vaste pays indépendant d'aucune autre partie de l'Amérique, & dont les Etablissements sur les Côtes, appartiennent à différentes Nations Européennes. La Nouvelle Grenade est devenue depuis 1739 une Vice-royauté Espagnole, à laquelle ressortit aujourd'hui la Terre-Ferme.

L'Auteur a omis beaucoup de Lacs connus , sçavoir , Ontario & Champlain dans le Canada , Nicaragua dans le Mexique, Maracaybo dans la Terre-Ferme, Titicaca dans le Perou, & Merim à l'extrémité Méridionale du Brésil.

Si on ne sçavoit pas que le Missisipi se jette dans le Golfe du Mexique, on ne pourroit pas s'en instruire par cette Carte, parce que la riviere de Missouri qui se jette dans le Missisipi paroit même avoir un cours un peu plus considérable, & qu'après leur jonction, le dernier n'est pas désigné.

Une faute à peu près de même nature, c'est que le nom de la Plata est attribué à la riviere de Paraguay, & à une partie du Parana : c'est celui-ci, qui après avoir reçu le Paraguay, forme avec l'Uruguay un Fleuve de la largeur d'un bras de Mer sous le nom de la Plata.

Au reste, j'ignore sur quel fondement l'Auteur a fixé les limites du Bresil, & celles du Labrador ou Nouvelle Bretagne.

PLANCHE XXXIX.

» Les Terres Antarctiques, dit-il,

» font près du tiers de notre Globe.

Si ce qui en paroît sur les Cartes, étoit rassemblé, & qu'on y joignit même les Terres Arctiques, le tout ensemble feroit à peine la vingtiéme partie du Globe. Quelle différence! Au reste, nous ne connoissons ni l'étendue de ces Terres, ni celle des Mers qui les baignent.

L'Isle des Etats se trouve au nombre des Terres Antarctiques; mais les Isles Malouines dix fois aussi considérables que la premiere, qui en est au Sud-Ouest, sont totalement oubliées.

PLANCHE XL.

» La Souveraineté Monarchique a » différens noms, on l'appelle Em- » pire, Royaume, Principauté.... » Marquisat.... Abbaye, Prévôté, &c.

Mais (auroit dû ajouter l'Auteur) le titre de Monarque n'appartient uniquement qu'aux Empereurs & aux Rois, qui ne reconnoissent rien au-dessus d'eux: il n'est pas même dû aux Electeurs, tout Souverains qu'ils sont,

& bien moins à un Abbé ou Comte de l'Empire.

» L'Ariſtocratie eſt la Souverai- » neté qui eſt entre les mains des » Nobles. La Démocratie eſt la Sou- » veraineté qui réſide entre les mains » de tout le Peuple...... Le Sénat » repréſente l'Ariſtocratie, le reſte de » la Nobleſſe n'eſt que la Démocra- » tie, & le Peuple n'eſt rien.

Que l'Auteur s'accorde avec lui-même ſur le terme de Démocratie, & qu'on demande aux Suiſſes & aux Anglois ſi le Peuple n'eſt rien ? c'eſt en partant de ſes principes qu'il avance que le Gouvernement d'Allemagne eſt Ariſto-demo-Monarchique, il n'eſt autre que Monarchi-Ariſtocratique ; c'eſt-à-dire la Monarchie réſide dans les prérogatives du Chef de l'Empire, & l'Ariſtocratie dans les délibérations des principaux Membres.

» Le Pape étend ſon autorité dans » les quatre parties du Monde ſur » 96 Archevêques & 580 Evêques.

Voici tout ce que j'ai pû recueillir, ſans entrer dans un plus grand détail : en comprenant deux Patriarches en Europe & deux en Asie, il y a 106. Archevêques, sçavoir 94. en Europe, 6. en Asie & 6. en Amériqxe ; il n'en est aucun dans l'Afrique : & l'on compte 586. Evêques, sçavoir 525. en Europe, 19. en Asie, 6. en Afrique, & 36. en Amérique.

Parmi tous ces Prélats, il faut comprendre quelques-uns qui sont Grecs, Arméniens, Chaldéens & Maronites, mais réunis & soumis à l'Eglise Romaine. J'observe ici en passant que si l'Auteur n'a consulté que l'Abbé de la Croix sur cette matiere, il aura omis dans son compte comme lui trois Evêques Sénateurs de Pologne, qui sont ceux de Livonie, Smolensk & Kiovie. Mais ce qui me fait croire que l'un n'a pas dumoins suivi l'autre en tous points, c'est qu'entre les Patriarches Schismatiques, parmi lesquels il met encore celui de Moskou, aboli par le Czar Pierre, à cause de son trop grand pouvoir, il a oublié les Patriarches de Pijuvitas qui est celui des Mingréliens, Safran celui des Syriens-Jacobites, Amasin, celui des Arméniens-Perſans, & Ouroumi, celui des Neſtoriens-Chaldéens. Au reſte, à conſidérer la choſe ſous le même point de vue que M. de Voltaire, tous les Patriarches Schiſmatiques ne ſont, pour me ſervir de ſes expreſſions, que les Chefs mercenaires & avilis d'une Egliſe eſclave, & n'ont pas plus de crédit que des Rabins de Synagogues.

Sur les différentes Langues du Monde, notre Auteur ne s'eſt pas étendu comme d'autres, qui eux-mêmes ſe ſont trompé, s'ils ont crû avoir épuiſé la matiere. Quoiqu'il en ſoit, il ne dit rien de la Malayoiſe qui eſt en uſage dans la preſqu'Iſle de Malaya ou Malaca en Aſie; & en Europe de la Gothique, qui regne dans les Iſles Orcades & en Iſlande, de la Cauquoiſe dans l'Ooſt-Friſe, de l'Iazygienne dans la partie Septentrionale de la Hongrie, & de l'Illyrique dans l'Iſle de Veglia au fond du Golfe de Veniſe. Mais cette derniere méritoit-elle qu'on en fit mention, s'il eſt vrai qu'elle n'exiſte que dans une Iſle, qui n'a qu'une ſeule ville, quelques villages, & tout au plus vingt lieues de tour, n'en déplaise à l'Abréviateur de la Martiniere qui lui en donne gratuitement près du double.

Planche XLI.

Il y a, dit l'Auteur, onze Royaumes en Europe : comment l'entend-il ? On en connoît bien davantage, en y comprenant des parties de certains Etats, qui portent le même titre, comme l'Irlande, l'Ecosse, la Norwege, la Bohême, &c. S'il a voulu dire qu'il y a onze Rois, y comprise une Reine, il a raison : mais aussi pourquoi compte-t-il au rang des Souverainetés l'Autriche, le Tirol, & la Toscane, qui, ainsi que l'Irlande ou la Bohême, dont il ne parle pas, n'ont point de Souverains particuliers, & sont subordonnés à des titres supérieurs ? C'est une inconséquence manifeste de laquelle il résulte nécessairement des défectuosités sur sa Carte.

Ce qu'on remarque de plus curieux,

c'est qu'il a nettement oublié & Rome & le Pape.

Cependant ou remarque des Abbés, un Prévôt; la très-petite République de St. Marin, qui est beaucoup moins considérable, & n'est pas plus libre que grand nombre de villes d'Allemagne. Il ne dit mot non-seulement de ces villes, mais, qui plus est, de Souverains tels que les Ducs de Mecklenbourg, de Brunswick, de Gotha, de Weimar, & de Holstein Grand Duc de Russie; le Prince de Nassau Stathouder de Hollande; les Margraves d'Anspach & de Bareith, &c. pour la plûpart aussi puissans que les Ducs de Parme & de Modene qui ne sont pas oubliés.

Entre les Souverainetés Ecclésiastiques de l'Empire, l'Auteur a aussi passé sous silence les Evêchés de Coire, de Trente, de Brixen, de Lubeck, de Hildesheim, & de Strasbourg; les Abbayes de Murbach, Stablo, Malmedy, & Pruym, le Grand Prieuré de Malthe (Heitersheim) & la Prévôté de Weissembourg: toutes ces

Principautés néanmoins votent par tête aux Diétes générales comme principaux Membres : tandis qu'au contraire l'Abbaye de Herworden, dont il parle, n'a d'autre voix aux Diétes que comme tant d'autres Membres, dont les suffrages ne sont que Collégiaux.

S'il a prétendu, comme il y a apparence, déterminer le rang des Electeurs, il se trompe. Tel est celui qu'il leur assigne ; 1. Mayence, 2. Tréves, 3. Cologne, 4. Bohême, 6. Saxe, 5. Baviere, 9. Hanovre, 7. Brandebourg, 8. Palatinat. Les chiffres cijoints indiquent leur rang suivant les matricules de l'Empire.

Dans la Carte de l'Auteur, l'Allemagne propre, quoiqu'on dise de ses neuf Cercles, ne renferme que cinq divisions : outre cela la Bohême a la sienne ; la Moravie & la Silésie, qu'il faut sous-entendre au défaut de leurs noms, ont aussi chacune la leur : on ne sçait où est la Lusace. Quant aux noms de Cercles ou Pays on n'y voit, tant gros que menus, que ceux de Bohême, Autriche, Tirol, Baviere, Heſſe, & Brandebourg. Une même diviſion contient la Baviere avec la Franconie, une grande partie du Haut-Rhin, & une petite partie de la Souabe; tout le reſte de ce dernier Cercle, où ſont Bade, Wirtemberg, Kempten, Conſtance, &c. eſt confondu avec la Suiſſe; le reſte du Haut-Rhin & le Bas-Rhin avec partie de la Weſtphalie, excepté Liége qui paroît faire partie des Provinces-Unies. Le reſte de la Weſtphalie avec la Haute-Saxe: & la Baſſe-Saxe, fort retrécie, avec le Royaume de Dannemarck.

Voici des particularités qui ne ſont pas moins intéreſſantes. Vienne & Paſſau paroiſſent ſitués loin du Danube. Augſbourg ſe trouve dans la Baviere au Nord-Eſt de Munich, au lieu d'être au Nord-Oueſt, & en Souabe. Freiſingue aux confins de la Heſſe & de la Weſtphalie, c'eſt-à-dire environ à 70 lieues de ſa vraie poſition en Baviere. Herworden ſur le Weſer; Oſnabruck au-de-là du même Fleuve; Munſter & Paderborn ſur l'Ems; Worms en la place de Mayence; & Mayence loin du Mein; Porentru en Alſace & ſur le Rhin, au deſſous de Bâle; & Geneve auſſi hors de la Suiſſe, quoiqu'elle en ſoit véritablement en qualité d'Alliée, préciſément comme les Griſons, le Valais, &c. qui, bien plus conſidérables que Genève, malgré le ſilence de l'Auteur, font partie du même Corps Républicain.

Ce qui me reſte à remarquer eſt que des différens Etats de l'Italie, il n'y a que Naples, St. Marin, Parme, Modene, & Toſcane avec Luques, qui ſoient renfermés dans des diviſions; le reſte eſt confondu. La Hongrie, par ſa couleur, paroît ne faire qu'un même Etat avec l'Allemagne. Enfin, les rivieres ne manquent pas dans cette Carte; mais à vue de pays, je ne garantis pas la juſteſſe de leur cours, puiſque la Meuſe, par exemple, ne ſe rencontre nulle part avec le Rhin. Au reſte, il ne faut pas y chercher des noms, non plus qu'à grand nombre d'Iſles & à aucune partie de la Mer : ce ſeroit auſſi envain que de prétendre mieux réuſſir à mettre, comme on vient de le voir, l'Europe sans dessus-dessous, particulierement l'Allemagne.

PLANCHE XLIV.

Cette Planche représente une Carte des Vents, qui à tous égards est exécutée, de maniere que je me suis senti (je l'avoue) très-peu de goût pour l'examiner. Entr'autres omissions qui s'offrent au premier coup d'œil, il y a quelques Côtes des Mers Méditerranée & Baltique qui ne sont pas désignées : mais ce qui doit paroître curieux, ce sont les noms de suite de Russie Asiatique, Sibérie, & Tartarie Russienne, comme s'ils étoient différens, & que l'on ne dût pas se servir de l'un de ces noms tout seul à l'égard des Côtes Septentrionales de l'Asie.

Je ne sçaurois m'empêcher d'observer que ce que dit l'Auteur, » qu'il est du ressort des Physiciens » à chercher les causes des Vents « peut s'appliquer justement autre part; & je veux dire qu'il est aussi du ressort des Astronomes d'expliquer bien des choses qu'il auroit dû épargner à lui-même & à ceux qu'il n'a en vue d'instruire que dans la Géographie & l'Histoire.

Planche XLVII.

» On ne peut, dit-il, voir qu'en-
» viron 1000 étoiles à la simple vue. Il a été un peu plus exact dans la Planche IV. car il en compte jusqu'à 1392.

Planche LIII.

» Les Chrétiens commencent la
» semaine le Dimanche, les Juifs le
» Samedi, &c.

Il y a un sentiment tout opposé, & qui paroît fondé sur ce que Dieu, après avoir employé six jours à la Création du Monde, fit du septiéme un jour de repos : ce jour ne peut donc être le premier de la semaine.

Voilà, Monsieur, les reflexions que mes lumieres bornées m'ont permis de faire sur l'Ouvrage, tant bon que mauvais, de M. de Mornas ; comme

comme je ſerois fort aiſe, ſi moi-même, pour mes péchés, je ne guéris pas de la démangeaiſon de faire de la Géographie, que l'on eût quelqu'indulgence pour moi, je n'ai pas crû devoir entrer dans le détail de bien des choſes répréhenſibles, & communes à preſque tous les Ouvrages de ce genre, mais que dans le fond aucun prétexte n'excuſe.

Il ſe trouve dans le diſcours nombre de notions qui ne ſont rien moins qu'analogues ou rélatives aux Cartes, des fautes de diction & d'ortographe, des répétitions auſſi inutiles qu'ennuyeuſes, des phraſes louches ou peu intelligibles, des noms anciens au lieu de noms modernes; & certaines expreſſions hazardées, ou ſi l'on aime mieux, du bon ton, telle eſt celle-ci » Que Deſcartes a banni l'ancienne Philoſophie du commerce des » *honnêtes gens* « : auſſi les ſyſtêmes des prédéceſſeurs de Deſcartes ſont-ils enjolivés des tourbillons dont il eſt le pere : mais peut-être pourroit-on attribuer cette idée neuve à celui qui a dirigé la gravure.

Cette partie de l'Ouvrage, exécutée par des Artiſtes, dont quelques-uns ont gardé l'*incognito*, a comme l'autre des défectuoſités eſſentielles. Rien n'eſt moins uniforme : il y a de belles Planches, il y en a de médiocres & de fort mauvaiſes. Dans pluſieurs on reconnoît très-peu d'ordre dans la diſpoſition, & très-peu d'intelligence dans les différens caracteres. On y rencontre nombre de noms eſtropiés ; des mots renverſés, de maniere que pour les lire, il faut renverſer l'ATLAS : des noms ſans poſitions, & *vice verſâ* des poſitions ſans noms : en un mot d'autres poſitions qu'il n'appartient qu'à des yeux de Linx d'appercevoir.

Vous voudrez bien m'excuſer, Monſieur, de ce que des occupations qui ſont ſurvenues à la traverſe de celle-ci, ne m'ont pas laiſſé le loiſir de faire ma Lettre plus courte : mais je vous prie de la regarder dumoins comme une preuve de mon zéle & du dévouement avec lequel j'ai l'honneur d'être, &c.

www.ingramcontent.com/pod-product-compliance
Ingram Content Group UK Ltd.
Pitfield, Milton Keynes, MK11 3LW, UK
UKHW020346250726
13967UKWH00005B/2146

9 782013 032698